BEI GRIN MACHT SICH IHR WISSEN BEZAHLT

AF149976

- Wir veröffentlichen Ihre Hausarbeit,
  Bachelor- und Masterarbeit

- Ihr eigenes eBook und Buch -
  weltweit in allen wichtigen Shops

- Verdienen Sie an jedem Verkauf

Jetzt bei www.GRIN.com hochladen
und kostenlos publizieren

Bibliografische Information der Deutschen Nationalbibliothek:

Die Deutsche Bibliothek verzeichnet diese Publikation in der Deutschen National-
bibliografie; detaillierte bibliografische Daten sind im Internet über http://dnb.d-
nb.de/ abrufbar.

Dieses Werk sowie alle darin enthaltenen einzelnen Beiträge und Abbildungen
sind urheberrechtlich geschützt. Jede Verwertung, die nicht ausdrücklich vom
Urheberrechtsschutz zugelassen ist, bedarf der vorherigen Zustimmung des Verla-
ges. Das gilt insbesondere für Vervielfältigungen, Bearbeitungen, Übersetzungen,
Mikroverfilmungen, Auswertungen durch Datenbanken und für die Einspeicherung
und Verarbeitung in elektronische Systeme. Alle Rechte, auch die des auszugsweisen
Nachdrucks, der fotomechanischen Wiedergabe (einschließlich Mikrokopie) sowie
der Auswertung durch Datenbanken oder ähnliche Einrichtungen, vorbehalten.

Impressum:

Copyright © 2003 GRIN Verlag, Open Publishing GmbH
Druck und Bindung: Books on Demand GmbH, Norderstedt Germany
ISBN: 9783638738262

Dieses Buch bei GRIN:

http://www.grin.com/de/e-book/19359/franzoesische-und-deutsche-kulturauffassung-
die-entstehung-des-gegensatzes

Dominic Vaas, Olaf Schwarz, Kathrin Anton

Französische und deutsche Kulturauffassung - Die Entstehung des Gegensatzes von Zivilisation und Kultur nach Norbert Elias

GRIN Verlag

GRIN - Your knowledge has value

Der GRIN Verlag publiziert seit 1998 wissenschaftliche Arbeiten von Studenten, Hochschullehrern und anderen Akademikern als eBook und gedrucktes Buch. Die Verlagswebsite www.grin.com ist die ideale Plattform zur Veröffentlichung von Hausarbeiten, Abschlussarbeiten, wissenschaftlichen Aufsätzen, Dissertationen und Fachbüchern.

Besuchen Sie uns im Internet:

http://www.grin.com/

http://www.facebook.com/grincom

http://www.twitter.com/grin_com

Eberhard – Karls – Universität Tübingen
Institut für Soziologie
Hauptseminar: Kultursoziologie
Hausarbeit zum Thema: Die Soziogenese der Begriffe ‚Zivilisation' und ‚Kultur'
Autor: Dominic Vaas

Französische und deutsche Kulturauffassung

Die Entstehung des Gegensatzes von Zivilisation und Kultur nach Norbert Elias

Vorgelegt von:
Dominic Vaas
Politikwissenschaft (HF, MA)
Soziologie (HF, MA)
6. Fachsemester

Inhaltsverzeichnis

Einleitung

Norbert Elias [1] untersucht in seinem Band "Über den Prozess der Zivilisation" Verhaltensweisen, die man als typisch für die abendländisch zivilisierten Menschen ansieht. Dabei interessieren ihn folgende, zentrale Fragen: "Wie ging eigentlich diese Veränderung, diese ‚Zivilisation' im Abendlande vor sich, worin bestand sie und welches waren ihre Antriebe, ihre Ursachen oder Motoren?"[2]

Das erste Kapitel geht den verschiedenen Bedeutungen und Bewertungen nach, mit denen man den Zivilisationsbegriff in Deutschland und Frankreich gebraucht. Dazu nimmt er eine Gegenüberstellung der Begriffe Zivilisation und Kultur mit jeweiligem Bezug auf Deutschland oder Frankreich vor. Dies soll der Verdeutlichung bestimmter typischer Figuren des Zivilisationsprozesses dienen.

Im zweiten Kapitel findet sich eine große Anzahl von historischen Beispielreihen typischer französischer oder deutscher Verhaltensweisen der absolutistischen Zeit. Elias will damit verdeutlichen, dass die Entwicklung der Zivilisation allmählich voranging. Dies begründet er damit, dass auch in der so genannten zivilisierten Gesellschaft kein Menschenwesen zivilisiert auf die Welt kommt. Der individuelle Zivilisationsprozess, dem der Mensch zwangsläufig unterliegt, ist eine Funktion des gesellschaftlichen Zivilisationsprozess. Elias glaubt hier die Antwort auf die Frage, warum sich im Laufe ihrer Geschichte der Aufbau der abendländischen Gesellschaft kontinuierlich ändert, zu finden, was er besonders als These im zweiten Band thematisiert.

Im Folgenden soll der Frage nachgegangen werden, wie und warum die spezifisch deutsche Kulturauffassung vor sich ging und warum sich diese antithetisch zum französischen Zivilisationsbegriff verhielt. Dabei soll gezeigt werden, dass aus der ursprünglich sozialen innerdeutschen Antithese von Kultur und Zivilisation ein

---

[1] Elias, Norbert, deutscher Soziologe, geb. 22.06.1897 in Breslau, gest. 01.08.1990 in Amsterdam, beschäftigte sich v. a. mit der Strukturgeschichte der Länder Europas, deren Zivilisations- und Staatsbildungsprozessen sowie mit soziologischer Theorie. Seine beiden Hauptwerke "Über den Prozess der Zivilisation" 2 Bände 1939 und "Die höfische Gesellschaft", erlangten erst 30 Jahre nach ihrem Abschluss wissenschaftliche Anerkennung. Eine Auseinandersetzung mit seinen Schriften gilt heute in der Soziologie als nötig, aber auch wertvoll.

nationales deutsch-französisches Gegensatzpaar wird. Die Untersuchung möchte zunächst die Argumentationskette Elias' aufdecken, welche in einem zweiten Schritt (soweit in dieser Arbeit möglich) verdeutlicht und interpretiert werden soll.

I. Zur Soziogenese des Gegensatzes von ‚Kultur' und ‚Zivilisation' in Deutschland

Zunächst kommt Elias auf das Nationalbewusstsein als einer allgemeinen Funktion der Zivilisation zu sprechen:

"Dieser Begriff bringt das Selbstbewusstsein des Abendlandes zum Ausdruck. Man könnte auch sagen: das Nationalbewusstsein." Durch den Begriff ‚Zivilisation' *"sucht die abendländische Gesellschaft [also] zu charakterisieren, was ihre Eigenart ausmacht, und worauf sie stolz ist: den Stand ihrer Technik, die Art ihrer Manieren, die Entwicklung ihrer wissenschaftlichen Erkenntnis oder ihrer Weltanschauung und vieles andere mehr."*[3]

Aber der Zivilisationsbegriff hat in den verschiedenen abendländischen Nationen auch eine andere, sich deutlich voneinander unterscheidende Bedeutung:

"Der französische und der englische Begriff ‚Zivilisation' kann sich auf politische oder wirtschaftliche, auf religiöse oder technische, auf moralische oder gesellschaftliche Fakten beziehen. Der deutsche Begriff ‚Kultur' bezieht sich im Kern auf geistige, künstlerische, religiöse Fakten, und er hat eine starke Tendenz, zwischen Fakten dieser Art auf der einen Seite, und den politischen, den wirtschaftlichen und gesellschaftlichen Fakten auf der anderen, eine starke Scheidewand zu ziehen."[4]

---

[2] Norbert Elias: Über den Prozess der Zivilisation – Soziogenetische und psychogenetische Untersuchungen; Erster Band: Wandlungen des Verhaltens in den weltlichen Oberschichten des Abendlandes, Bern und München 1969, Seite LXXII (Einleitung).
[3] Norbert Elias: Über den Prozess der Zivilisation – Soziogenetische und psychogenetische Untersuchungen; Erster Band: Wandlungen des Verhaltens in den weltlichen Oberschichten des Abendlandes, Bern und München 1969, Seite 2.

3

Es gibt also einen großen Unterschied im Gebrauch dieses Wortes zwischen dem englischen und französischen auf der einen Seite und dem deutschen auf der anderen Seite. M. a. W. ist die Bedeutung von Zivilisation in Frankreich und Deutschland unterschiedlich verstanden worden. Beiden Ländern gemein sind der Stolz und die Bedeutung der eigenen Nation, sowie der Stolz auf den Fortschritt des Abendlandes gegenüber den anderen, ihrer Meinung nach unterentwickelten, Ländern.

Aber der Begriff Zivilisation drückt den deutschen Habitus nicht vollständig aus, weswegen Elias in Bezug auf Deutschland den Begriff ‚Kultur' und dessen Bedeutungsgehalt betont. ‚Kultur' bezieht sich v. a. auf Produkte des Menschen, als ein Resultat von Arbeit und den Stolz der eigenen Leistung. Der Begriff Zivilisation hingegen bleibt auf das Selbstbewusstsein von Völkern beschränkt. Der spezifisch deutsche Sinn des Begriffs ‚Kultur' kommt in dem Eigenschaftswort ‚kulturell' am besten zum Ausdruck, welches den Wert und den Charakter bestimmter menschlicher Produkte bezeichnet. ‚Kultiviert' hingegen steht dem französischen Zivilisationsbegriff nahe und drückt die *"höchste Form des ‚Zivilisiertseins'"* aus.

Der deutsche Kulturbegriff bezieht sich also auf Produkte des Menschen, die aus individueller Leistung resultieren, wie zum Beispiel Kunstwerke, Bücher, aber auch Religion oder Philosophie. Und in diesen Produkten kommt die Eigenart eines Volkes zum Ausdruck. Damit grenzt der deutsche Begriff ‚Kultur' das deutsche Volk von anderen (dem französischen) ab, weil er die nationalen Unterschiede, die Eigenart des deutschen Volkes besonders hervorhebt. Den Ursprung hierfür sieht Elias darin begründet, dass das deutsche Volk im Vergleich mit anderen westlichen Völkern erst relativ spät zu einer politischen Festigung bzw. Einigung kam. Es hatte einen Mangel an nationaler Identität und musste sich öfters fragen: "Was ist eigentlich unsere Eigenart, was ist typisch deutsch?"

Der Aufbau des nationalen Selbstbewusstseins wird also durch die Begriffe Zivilisation und Kultur deutlich, ist aber gleichzeitig etwas jedem Staate Individuelles, weshalb

---

[4] Ebd. Seite 2f.

sich auch die Bedeutung von Zivilisation und Kultur unterscheiden, ja sie sich sogar antithetisch gegenüberstehen können.

1. Über den Entwicklungsgang des Gegensatzpaares Zivilisation und Kultur in Deutschland

Ging es bisher darum den Gegensatz von Zivilisation und Kultur anhand der Gegenüberstellung von Deutschland und Frankreich herauszuarbeiten, so geht es jetzt um das Herauskristallisieren der spezifisch deutschen ‚Kultur', als einer Auflösung - oder zumindest dem Versuch einer Überwindung - des innerdeutschen Konflikts zwischen dem Adel und dem gebildeten Bürgertum. Elias bedient sich um dies zu verdeutlichen eines Zitats von Kant aus dem Jahr 1784:

"Wir sind in hohem Grade durch Kunst und Wissenschaft kultiviert, wir sind zivilisiert bis zum Überlästigem zu allerlei gesellschaftlicher Artigkeit und Anständigkeit..."[5]

Dies ist der Gegensatz zwischen dem vorwiegend französisch sprechenden, nach französischen Mustern ‚zivilisierten' aristokratischen Adel, welcher seine Sonderstellung ausschließlich aufgrund seines Geburtsrechts legitimiert auf der einen Seite, und der deutsch sprechenden, ‚kultivierten' mittelständischen Intelligenzschicht, deren Legitimation zunächst in ihrer geistigen, ihrer wissenschaftlichen oder künstlerischen Leistung liegt auf der anderen Seite. Beim höfischen Adel steht die Art des "Sich-Verhaltens" im Mittelpunkt des Selbstbewusstseins, beim Bildungsbürgertum die eigene Leistung.

Die Begriffe ‚Zivilisation' und ‚Kultur' werden also durch einen Bezug auf bestimmte gesellschaftliche Formationen einander gegenübergestellt, sie stehen sich wie These und Antithese gegenüber. Im gegebenen Beispiel die trügende, äußerliche ‚Höflichkeit' des aristokratischen Adels und die wahre ‚Tugend' der mittelständischen Intelligenzschicht. Die Intelligenzschicht hebt die Bedeutung von Fleiß und Leistung als die eigentlich wichtigen Komponenten von Kultur hervor; der Adel aber "leistet nichts", da er es nicht nötig hat, etwas zu leisten. Genau diese Überheblichkeit und Entfremdung von der Welt versucht die Intelligenzschicht zu kritisieren. Sie wirft dem Adel vor, ihr Dasein wäre eine üble Verfehlung dessen was das wahre Dasein eigentlich ausmacht. Sie vertreten die Ansicht, der Mensch habe ein Potenzial i.S. von Arbeit, Leistung und Bildung, welches unbedingt genutzt werden muss, um dem Anspruch des Menschseins gerecht zu werden. Doch gerade darauf verzichtet der Adel bewusst, ist also selbst minderwertig und "schlecht", da er sich mit nichts tätig auseinandersetzt, sondern sich nur "zerstreut".[6] Hier wird der Gegensatz von wahrer Tugend und Sittlichkeit entgegen Dekadenz und Unsittlichkeit deutlich.

Diesen Gegensatz verdeutlicht Elias im Folgenden, indem er die höfische Anschauungsweise und die besondere Bedeutung der deutschen bürgerlichen Intelligenzschicht für die Soziogenese der ‚Kultur' in Deutschland genauer untersucht.

Elias geht also nun dazu über, die Ursachen für die Entwicklung des spezifisch deutschen Kulturbegriffs näher zu beleuchten. Den Ausgangspunkt sieht er in dem Umstand, dass Deutschland und v. a. das deutsche Bürgertum im 17. und 18. Jh. verglichen mit Frankreich oder England ziemlich arm war. Die Menschen hatten einfach kein Geld für Luxusgüter wie Literatur oder Kunst, noch die Zeit sich damit zu beschäftigen, m. a. W. sich zu bilden. Daher sprachen sie auch nur deutsch, wohingegen das Französische als Standesmerkmal der gehobenen Schichten galt, was zur Abgrenzung der unteren Schichten zu den oberen beitrug und die Partizipation der unteren beschränkte. Trotzdem finden Überlegungen über die "Eigenart der Deutschen" gerade nicht bei denen statt, die es sich leisten könnten, sondern nur in der kleinen, machtlosen, mittelständischen Intelligenzschicht.

Ein positives Gegenbeispiel scheint Friedrich der Große zu sein, der die geringe deutsche Entwicklung von Wissenschaft und Literatur beklagt. Er sieht die Gründe ganz richtig in der Armut weiter Teile der Bevölkerung und hofft auf eine Besserung bei wachsendem Wohlstand. Wissenschaft und Kunst sieht er als Indikatoren der Zivilisation. Daher war er bemüht, die Situation Deutschlands zu verbessern, was ihm

---

[5] Norbert Elias: Über den Prozess der Zivilisation, S. 8.

wohl auch gelang, da die deutsche Philosophie und Literatur kurz darauf endlich zur Entfaltung gelangt. So zum Beispiel die "Kritik der reinen Vernunft" von Kant (1781). Gleichzeitig räumt Elias aber auch ein, dass es bedeutende Werke wohl schon früher gab. Zudem steht Friedrich der Große selbst in der geistigen, aristokratischen Tradition der höfischen Gesellschaft, bedient sich selbst nur der französischen Sprache und misst das deutsche Geistesleben am Geschmack der Franzosen. Er zeigt hier ein paradox anmutendes Verhalten, was seine Bedeutung für die Entstehung einer originären deutschen Kultur fraglich macht.

Viel bedeutender scheint der intellektuell geführte Kampf des Bildungsbürgertums gegen die weltfremde und dekadente Adelsschicht zu sein. Eben diese Bedeutung der deutschen bürgerlichen Intelligenzschicht für die Soziogenese der ‚Kultur' in Deutschland wird in folgender Zusammenfassung der Situation in den eigenen Worten Elias' deutlich:

"Ihre Situation war fast in allen größeren, deutschen Staaten, und auch in vielen der kleineren, eine ganz analoge. Fast überall gab es an der Spitze einzelne Menschen oder Kreise von Menschen, welche französisch sprachen und die Politik in Deutschland bestimmten; und es gab auf der anderen Seite eine mittelständische Gesellschaft, eine deutschsprechende Intelligenzschicht, die im großen und ganzen auf die politische Entwicklung ohne jeden Einfluss war; aus ihr im wesentlichen kamen die Menschen, um deretwillen man Deutschland als das Land der Dichter und Denker bezeichnet hat. Und von ihr erhielten Begriffe wie ‚Bildung' und ‚Kultur' ihre spezifisch deutsche Prägung und Richtung."[7]

Elias ergreift also, was die Entstehung eines eigenständigen nationalen Bewusstseins in Deutschland und die Möglichkeit der Abgrenzung zur französischen Zivilisation angeht, eindeutig Partei für die mittelständische Intelligenzschicht und schließt sich damit indirekt ihrer Kritik am deutschen Adel an.

---

[6] Man denke an nutzlose Zerstreuungen wie das Lustwandeln oder die Fuchsjagd.
[7] Norbert Elias: Über den Prozess der Zivilisation, S. 17.

a) Der deutsche Mittelstand und der höfische Adel

Die Stellung von Friedrich dem Großen und der Aristokratie (Lit. Bezug)

Der Zeitgeist und die Ideale der höfisch-absolutistischen Gesellschaft spiegeln sich in der Haltung Friedrich des Großen sehr deutlich wieder. Merkmalstragend für jede "echte society" seien nach Friedrich des Großen ein bestimmtes Gebaren und Verhalten. Im Einzelnen sollte die absolutistisch-höfische Gesellschaft folgende Kennzeichen innehaben:[8]

- die Mäßigung der individuellen Affekte durch Vernunft
- die Angemessenheit der Haltung für jeden Hofmann
- sowie die Ausschaltung jeden plebejischen Ausdrucks

Eng verbunden mit diesen "Vorgaben" war die Affinität zu spezifischer Literatur. Die höfische Gesellschaft, und mit ihr stellvertretend Friedrich der Große, widmeten sich ausschließlich der klassischen Tragödie. Denn gerade in der klassischen Tragödie konnte sich die höfische Gesellschaft widerspiegeln und sich mit dieser identifizieren. Elemente der höfischen Etikette wurden darin beschrieben und gepriesen. Demgegenüber verbannte die klassische Tragödie, ganz im Sinne der höfischen Gesellschaft, Elemente jedes anderen, niedrigeren und somit vulgären Standes. In Anbetracht dieser Tatsache könnte man die klassische Tragödie zwar nicht als "Bibel des Hofes und des Adels", aber zumindest als deren "Gesangbuch" bezeichnen. Diese Metapher erscheint, wenn auch einwenig überspitzt, die einseitige lit. Affinität des Adels herauszustreichen.

Als Folge der oben beschriebenen lit. Haltung wurde andersartige Literatur, wie z.B. das alte englische Drama völlig verachtet. Da in solchen Werken Menschen niedrigen Standes Akteure waren, und folglich deren Leben, "ihre Größe und ihre Tragik"[9] behandelt wurden, sträubte sich der Adel gegen jene Literatur. Aber es waren sicherlich auch die Inhalte, welche der höfisch-absolutistischen Gesellschaft widerstrebten. Da der Adel seinen Stand bewahren wollte, war ihm Literatur, welche

---

[8] Norbert Elias: Über den Prozess der Zivilisation, S.18.

8

den Kampf gegen ständische Unterschiede zum Inhalt hatte, selbstverständlich ein Dorn im Auge.

Die Stellung der deutschen Literaten

Im Laufe der Zeit wurden die bürgerlichen Kreise in Deutschland zunehmend wohlhabender. Friedrich der Große versprach sich mit dieser Entwicklung" ein Erwachen der Künste und der Wissenschaft" [10] und folglich eine "glückliche Revolution". Dass dies aber genau nicht eintraf, lag an der jahrelangen Ignoranz und an dem Verkennen der "wahren Ideale" des Bürgertums. Dieser Kontrast der Ideale wird wieder in der Literatur deutlich. Das Bürgertum bevorzugte und rühmte anstatt der klassischen französischen Literatur die Werke Shakespeares und andere bürgerliche Dramen. Denn diese Dramen waren es, die das neue Selbstbewusstsein des Bürgertums antrieb und förderte. Die lit. Bewegung zur zweiten Hälfte des 18. Jahrhunderts war somit völlig konträr zu den Geschmacksidealen Friedrichs des Großen.

Vertreter dieser lit. Bewegung in Deutschland waren Klopstock, Herder, Lessing, die Dichter des Sturm und Drangs, Goethe, Schiller sowie der Hainbund. Doch so nachhaltig und bedeutend diese lit. Epoche auch einzuordnen ist, hatte sie auch Grenzen. Literaten und deren Werke lösten zwar eine lit. und soziale Bewegung aus, berührte jedoch nicht die Sphäre der Politik. Doch dies entsprach auch genau dem Zeitgeist. Denn bis 1789 lässt sich keine nennenswerte "Idee zu konkreten politischen Aktionen, z.B. Parteibildung, oder gar ein politisches Parteiprogramm" erkennen. Als einzige Ausnahme kann das preußische Beamtentum betrachtet werden, welches praktische Reformen im Sinne des aufgeklärten Absolutismus vorantrieb. Alles andere blieb Stückwerk. Dennoch waren zumindest Ansätze zur Veränderung der sozialen Lage erkennbar. So ist bei Kant "eine Entwicklung zu Grundsätzen entgegen den herrschenden Verhältnissen" erkennbar. [11] In den Schriften des Hainbundes wird der "wilde Hass" gegen Fürsten, Höfe, Aristokraten, Französlinge und die höfische

---

[9] Norbert Elias: Über den Prozess der Zivilisation, S. 19.
[10] Norbert Elias: Über den Prozess der Zivilisation, S. 19.
[11] Norbert Elias: Über den Prozess der Zivilisation, S. 20.

Unmoral deutlich. Zusammenfassend sind diese Ansätze als vage Träume und Ideale, ohne politischen Schrittmacher zu betrachten. Man beschränkte sich auf Gedanken und Gefühle. Das große Hemmnis für Veränderungen war der starre, kleinstaatliche, absolutistische Aufbau der Gesellschaft. Zwar hatte das Bürgertum ein neues Selbstgefühl entwickelt, der politische Status blieb jedoch minimalistisch beschränkt. Denken und Dichten war erlaubt, selbstständiges Handeln jedoch untersagt.

Die mittelständische Intelligenz

Doch wie sind diese Ansätze nun zu bewerten? Waren sie bedeutungslos oder waren sie der Anfang einer Umwälzung? Elias weist der lit. Bewegung "keinen politischen aber im eminentesten Sinn des Wortes Ausdruck einer sozialen Bewegung, einer Transformation der Gesellschaft" zu.[12] Verfolgt man Elias weiteren Ausführungen ist dies durchaus zu bejahen. Elias reduziert das Bürgertum in eine "Art bürgerlicher Vorhut" welche als mittelständische Intelligenz zu begreifen ist. Betrachtet man nun die soziale Transformation als im Rahmen der mittelständischen Intelligenz beginnend, könnte man dieser These [meines Erachtens nach] durchaus zustimmen. Aber auch diese Intelligenz stieß auf Hemmnisse in ihrem Streben. Sie war über das gesamte Land verteilt, und machte nur einen geringen Teil der Bevölkerung aus. Ihr Status war mit den zwei Seiten einer Medaille zu vergleichen:

Die mittelständische Intelligenz war zwar Elite gegenüber dem Volk, aber gleichfalls waren sie Menschen zweiten Ranges in den Augen der höfischen Aristokratie. Daraus wurde auch eine gewisse Paradoxie des mittelständischen Bewusstseins deutlich:

"Die Tore nach unten sollen verschlossen bleiben. Die Tore nach oben sollten sich [jedoch] öffnen".[13]

Die mittelständische Intelligenz lebte somit zwischen zwei Fronten. Sie wollte ihren Vorrang gegenüber den niedrigen Ständen bewahren und gleichzeitig nach oben streben. Diese Haltung lässt dann auch eine gewisse politische Zurückhaltung

---

[12] Ebenda; S.20.

erklären. Denn politische Umwälzungen wären gleichwohl mit der Gefahr verbunden gewesen die eigene Vormachtstellung gegenüber dem Volk zu gefährden.

Dem Mittelstand in Deutschland entstammten u. a. Goethe, Schubert, Herder, Kant und Fichte.

Die literarische Bewegung in Frankreich

Auch in Frankreich lässt sich eine analoge Bewegung des Mittelstandes beobachten. Eine Fülle von bedeutenden Menschen entsprang einer ähnlichen sozialen Schicht: dem Mittelstand. Als Beispiele wären Diderot und Voltaire zu nennen. Die Analogie beschränkt sich dann aber auch auf diesen Umstand. Denn dem französischen Mittelstand wurde von den "höheren Kreisen" weitaus mehr Wertschätzung entgegengebracht als dies in Deutschland der Fall war. Die Talente wurden ohne große Schwierigkeiten von der höfischen Gesellschaft, von der Pariser "Society", rezitiert und assimiliert.[14] In Deutschland blieben Talente vom höfisch-aristokratischen Leben hingegen ausgesperrt. Als besondre Ausnahme im Zuge einer solchen Assimilation ist Goethe anzusehen. Doch warum verhielt sich der Vorgang der Assimilation der talentierten Mittelschicht so unterschiedlich? Diese Frage führt uns sodann zum nächsten Punkt – der Durchleuchtung der Hemmnisse.

Hemmnisse des sozialen Aufstiegs der mittelständischen Intelligenz

Ein großes Hemmnis stellte die geographische Gegebenheit dar. Da Deutschland aus vielen souveränen kleinen Einzelstaaten bestand, war die Verbreitung und die Verständigung etwaiger Ideale äußerst eingeschränkt. Im Gegensatz hierzu konzentrierte sich das Gebildetenleben in Frankreich voll und ganz auf Paris. Ein weiteres Hemmnis war die Tatsache, dass in Deutschland der Handel, der Verkehr und die Industrie doch sehr unterentwickelt waren. Aber auch ein anderer, in den westlichen Ländern üblicher Weg des Aufstiegs bürgerlicher Elemente blieb in Deutschland ungenutzt: Der "Geldweg" als Mittel zur Rezeption durch die Aristokratie stand in Deutschland nahezu nicht statt.

---

[13] Norbert Elias: Über den Prozess der Zivilisation, S. 27.
[14] Ebenda, S.23.

Weitere hemmende Umstände liegen in der Historie zugrunde. Nach dem Dreißigjährigen Krieg waren die deutschen Gebiete beengt und auf den Grenzen der deutschen Gebiete lag ein starker Druck. Die Folge war ein "Abschließungsgedanke". Man kann sogar von einem "Kampf der sozialen Gruppen" sprechen, um die engen Lebenschancen und die Selbstbehauptung. Die Stagnation der sozialen Mobilität hatte eine strikte gesellschaftliche Trennung von Adel und Bürgertum zur Folge. Der geringe Wohlstand beider förderte ebenfalls den oben erwähnten "Abschließungscharakter". Privilegien sollten so aufrechterhalten und bewahrt werden. Doch trotz dieser mannigfaltigen Hemmnisgründe drängt sich die Frage nach anderen Gründen für die starre Trennung auf. Denn einer Trennung liegt zumeist eine grundsätzliche Differenz zugrunde. Die Differenz zwischen Adel und Bürgertum musste demnach auch in der unterschiedlichen Vorstellung von Idealen zu suchen sein. Und in der Tat bestand zwischen den beiden Polen eine starke Divergenz in den Idealen. So kollidierten die "höfisch-aristokratischen Modelle und "*Seins*werte" mit den bürgerlichen Modellen und "*Leistungs*werten".[15] Diese Kernthematik soll jedoch später weiter erläutert werden.

Festzuhalten an dieser Stelle wäre der für Deutschland typische Abschließungsgedanke. Frankreich hingegen unterschied sich von Deutschland durch frühe Kolonialisierung, einer Ausbreitungsbewegung der höfischen aristokratischen Gesinnung und der Assimilation von Elementen anderer Schichten in die Aristokratie.

Die mittelständische Beamtenintelligenz

Wichtigste Repräsentanten der mittelständischen Beamtenintelligenz waren Pfarrer und Professoren. Denn jene beiden Vertreter trugen maßgeblich zur Ausbreitung und Formung der neuen deutschen Gebildetensprache bei.

Die deutsche Universität

Die Universitäten stellten das wichtigste Präge- und Ausstrahlungszentrum der deutschen Mittelstandskultur dar. Ideale konnten sich so über das Land verteilen. Die deutsche Universität konnte man daher auch als Gegenzentrum zum Hof bezeichnen.

---

[15] Norbert Elias: Über den Prozess der Zivilisation, S.24.

b) Zurücktreten des sozialen und das Hervortreten des nationalen Gegensatzes in der Gegenüberstellung von Kultur und Zivilisation

Wie oben bereits erwähnt, wurde die Differenz zwischen Adel und Bürgertum unterschiedlichen Idealen zugeschrieben. Doch welche Ideale waren dies? Um einzelne Kontrastpunkte gegenüberstellen zu können, bedarf es zunächst einmal abgrenzender Oberbegriffe. Doch genau das Auffinden von spezifischen Gegenbegriffen, welche die "Selbstlegitimierung der Intelligenzschicht" sowie die *Attitüde des Adels*[16] kennzeichnen, ist ein nicht eindeutig geklärtes Problem. Folgt man der Literatur finden sich aber gehäuft die konträren Begriffe Kultur und Zivilisation. Es wurde schon erwähnt, dass dieses Gegensatzpaar als sozialer Kontrast zu verstehen ist. Die Intelligenzschicht beanspruchte für sich den Begriff der Kultur, der Aristokratie wurde Zivilisation zugeschrieben. Im Einzelnen kann man folgende Haltungen unter diese Gegensatzpaare sublimieren:

Kultur	Zivilisation
Verinnerlichung	"äußere" Höflichkeit
Tiefe des Gefühls	Oberflächlichkeit
Versenkung ins Buch	Feiern von Zeremonien
Bildung der einzelnen Persönlichkeit	Scheinbildung nach der Mode
Aufrichtigkeit und "wahre Tugend"	Materialismus
"Leistungswerte"	*"Seinswerte"*

Die Kritik des Bürgertums richtete sich gegen die Etikette und die Attitüde des Adels in Deutschland. Jener Adel sah in der französischen Aristokratie ihr Vorbild und eiferte dem nach. Doch was war die Quintessenz der Kritik und der strikten Ablehnung? Das Bürgertum prangerte die maßlose Verschwendungssucht des Adels an. Der Adel feierte sich unentwegt selbst in Gelagen und Zeremonien. Dieses maßlose "Leben in Saus und Braus" war dem Bürgertum ein Dorn im Auge. Denn dies waren ihrer Meinung nach keineswegs Tugenden die einen Menschen ausmachen.

---

[16] Vergl. Ebenda, S.36.

13

Die soziale Antithese wandelte sich mit dem Aufstieg des Bürgertums später in eine nationale Antithese. "Ideale" wie Aufrichtigkeit und Offenheit bekamen somit national einen höheren Stellenwert. Anzumerken in der Entwicklung und in der Entstehung der Gegensatzpaare ist eine Auslassung von Elias. Wichtigen Einfluss auf jene Entwicklungen hatte zweifellos auch Napoleon. Unter ihm strömten nämlich zahlreiche Beamten und Soldaten nach Deutschland was die genannte Entwicklung maßgeblich mitbeeinflusste.

In der Literatur von Elias wird der Schwerpunkt des Gegensatzpaares durch einen Vergleich sehr anschaulich. Es werden die "Haltungen" (aus welchen nationale Habitus entstehen) von Engländern und Deutschen verglichen. Der Engländer legt die Priorität demnach auf "Schein", der Deutsche hingegen auf "Sein":

"Der Deutsche lebt um zu leben, der Engländer lebt um zu repräsentieren".[17]

Übertragen wurde dieser "Schein und Repräsentierungsgedanke" sodann auf den Adel.

II. Zur Soziogenese des Begriffs "civilisation" in Frankreich

1. Über die soziale Genese des französischen Begriffs "Zivilisation"

Elias weist nun ausdrücklich darauf hin, dass das Zurücktreten des vorwiegend sozialen innerdeutschen Charakters des Gegensatzpaares von Kultur und Zivilisation zugunsten einer vorwiegend nationalen Antithese bedingt war durch eine gegenläufige Entwicklung des Bürgertums in Frankreich. Dort wurden mittelständische Spitzengruppen schon recht früh in höfische Kreise aufgenommen. Die höfisch-aristokratische Tradition des 17. Jahrhunderts wurde daher auch in bürgerliche Kreise getragen und floss so ohne Bruch in die allmähliche Weiterentwicklung des Verhaltens und der Gesittung mit ein. Im 18. Jahrhundert kann nicht mehr von einer beträchtlichen *"Gesittungsdifferenz"*[18] zwischen diesen Gruppen gesprochen werden. Nach dem Ende des "ancien régime" wird nun das, was ehemals höfischen Ursprungs war und die sozialen Schichten voneinander trennte, durch eine kontinuierliche Ausbreitungsbewegung vom Sozial- zum Nationalcharakter. So wurden nun gerade die Verhaltensweisen, die die deutschen mittelständischen Schichten als höfisch und damit irgendwie zweitrangig abgelehnt hatten, langsam bei den Nachbarn zum Nationalcharakter. Im Zuge der eigenen Entwicklung hin zur Nation missbilligte man dies zunehmend.[19]

Entscheidend für die Einbeziehung des französischen Bürgertums in höfische Kreise war die Politik des Königs, der besonders das Bürgertum - und nicht den Adel - an Regierung und höherer Verwaltung beteiligte. In Deutschland hingegen blieb das Bürgertum von solchen Schlüsselpositionen abgeschnitten. So beschäftigte sich die höfisch-bürgerliche Intelligenz Frankreichs auch mit gesellschaftlichen, ökonomischen, administrativen und politischen Fragen. In Deutschland blieb die Intelligenzschicht in philosophischer und aufklärender Weise auf die Sphäre des Geistes und der Ideen beschränkt.[20]

Im Gegensatz zu Deutschland konnte sich daher in Frankreich eine gemäßigte Opposition innerhalb des höfischen Kreises herausbilden. Da sich nun der französische Zivilisationsbegriff genau wie der deutsche Kulturbegriff in dieser Oppositionsbewegung in der zweiten Hälfte des 18. Jahrhunderts herausbildete, mussten sich auch Funktion und Sinn dieser beiden Begriffe unterscheiden.

In den 1760er Jahren tritt das Wort "civilsation" zum ersten Mal in der Literatur bei Mirabeau auf. Der "civilisation", unter der die Mehrzahl der Menschen nach Mirabeau Höflichkeit und gute Umgangsformen verstehen, setzt er ähnlich wie in Deutschland das Ideal der Tugend entgegen.

---

[17] Norbert Elias: Über den Prozess der Zivilisation, S. 42.
[18] Norbert Elias: Über den Prozess der Zivilisation, S. 44.
[19] Ebenda, S. 43-45.
[20] Norbert Elias: Über den Prozess der Zivilisation, S. 45f, 53.

"Si je demandais à la plupart en quoi faites-vous consister la civilisation on me repondrait, la civilisation d'un peuple est l'adoucissement de ses mœurs, l'urbanité, la politesse, et les conaissances répandues de manière (...): tout cela ne me présente que le masque de la vertu et non son visage, et la civilisation ne fait rien pour la société, si elle ne lui donne le fond et la forme de la vertu."[21]

Der Zivilisationsbegriff verbindet sich also mit den spezifischen Charakteren der höfischen Aristokratie; er wird zu einem allgemeinen Charakter dieser Gesellschaft, gegen die sich seine Kritik richtet. Allerdings handelt es sich um die Kritik eines Reformators, der keine Gegenbegriffe und –modelle entwickelt, sondern der praktisch aus der "falschen" Zivilisation ein richtige machen, also das bestehende höfische Modell transformieren will. In Deutschland hingegen entwickelt die bürgerliche Intelligenz ein radikal anderes Menschenmodell, nämlich das des "gebildeten Menschen".[22]

2. Zur Soziogenese des Physiokratismus u. der franz. Reformbewegung

Vor allem aus der Kritik am bestehenden merkantilistischen System, das den Verhältnissen nicht mehr angepasst war, entstand der so genannte Physiokratismus. Getragen von höheren Verwaltungsbeamten, Teilen des Landadels, des Bürgertums und der Intelligenz fand er seinen Weg in die höfische Gesellschaft. Aufgrund der Überzeugung, dass das Wirtschaftsleben natürlichen Gesetzen folge und daher ein recht selbständiger Prozess sei, kämpft der Physiokratismus für die selbsttätige Regulierung der Kräfte. Ein Eingreifen der Regierenden in diesen ökonomischen Kreislauf solle ausschließlich auf der Kenntnis der Gesetzmäßigkeiten dieser Prozesse beruhen und nicht auf Willkür. Es handelt sich hier um ein Reformprogramm, das eine aufgeklärte und vernünftige Verwaltung fordert und das nicht an den Grundpfeilern des monarchischen Systems rüttelt.[23]

---

[21] Mirabeau zitiert nach Elias: Über den Prozess der Zivilisation, S. 47.
[22] Norbert Elias: Über den Prozess der Zivilisation, S. 46-50.
[23] Ebenda, S. 50-55.

In Miraubeaus Begriff der "civilisation" – den er als Bezeichnung des Gesellschaftszustandes benutzte – floss jedoch auch eine von den Physiokrtaten wahrgenommene Erfahrung mit ein: die Erfahrung, dass gesellschaftliche Vorgänge Gesetzmäßigkeiten unterliegen, die jede Regierung beachten muss, wenn sie nicht von der Natur gestraft werden will. Bei Mirabeau erscheint so auch die Gesittung, das "Zivilisiert-Sein" als Kreislauf, wobei die echte Zivilisation zwischen der Barbarei und der falschen Zivilisation steht. Die Regierenden müssten nun die Gesetzmäßigkeiten dieses Kreislaufs erkennen, um ihn lenken zu können. Hier wird wieder klar, dass Mirabeau an das Bestehende anknüpft und kein Gegenmodell entwirft.[24]

In den Kreisen der Reformwilligen breitet sich nun dieser Begriff mit dem Erfolg des Physiokratismus langsam aus. Ab Mitte der 1770er Jahre wird "civilisation" zu einem geläufigen und im Sinn bereits ziemlich fixierten Begriff. Wie vorher auch schon bei Mirabeau zu beobachten, steht der Begriff "civilisation" für einen Teilaspekt des Reformprozesses: Die Gesellschaft hat auf dem Wege der "civilisation" bereits eine gewisse Stufe erreicht. Jedoch muss der Prozess vorangetrieben werden, wie Holbach 1774 treffend formuliert: *"La civilisation des peuples n'est pas encore terminée."*[25]

Zwei Vorstellungen verschmelzen in diesem Begriff: zum einen übernimmt er als Gegenbegriff zum gesellschaftlichen Zustand der "Barbarei" viele Elemente, die der höfischen Gesellschaft schon lange das Gefühl gaben, gegenüber einfacheren Gesellschaften höherer Art zu sein, also der Gedanke an den Stand der gesellschaftlichen Verhaltensweisen, an die Gesittung, an die Manieren. Die Reformbewegung fügt dem nun noch einen weiteren Aspekt hinzu: der Gedanke des "Zivilisiert-Seins" als Prozess, der weitergeführt werden muss, um die bestehenden Zustände von allem, was noch barbarisch oder vernunftwidrig ist zu befreien. Die Zivilisierung müsse zur Sittenverfeinerung und zur inneren Befriedung des Landes durch den König führen.[26]

---

[24] Ebenda, S. 55-57.
[25] Holbach zitiert nach Elias: Über den Prozess der Zivilisation, S. 59.
[26] Norbert Elias: Über den Prozess der Zivilisation, S. 57-61.

Im Gegensatz zu Deutschland steht die aufsteigende mittelständische Intelligenz Frankreichs in der höfisch-aristokratischen Tradition. Sie entwickelt daher keine Gegenbegriffe zu denen der Aristokratie. In ihren Begriffen und Ideen spiegeln sich vielmehr ihre gesellschaftliche Situation und die daraus erwachsenen politischen und wirtschaftlichen Vorstellungen wider. Auch nach der Revolution von 1789 verliert sich die fest verankerte höfische Tradition im Bürgertum nicht: die Einheit der Gesittungstradition blieb trotz des Zusammenbruchs der alten Ordnung bestehen. Mit dem Aufstieg des Bürgertums wird der Begriff der Zivilisation zum Inbegriff der Nation. Schon um die Jahrhundertwende wird "civilisation" zum *"Rechtfertigungsbegriff der nationalen Ausbreitungs- und Kolonisationsbestrebungen Frankreichs."*[27]

Der Prozess der Zivilisation erscheint nun im Innern der Gesellschaft als abgeschlossen; die fertige Zivilisation kann daher anderen Gesellschaften überbracht werden. Das Bewusstsein der eigenen Überlegenheit, das Bewusstsein dieser "Zivilisation", dient nun den kolonisierenden Eroberern genauso zur Rechtfertigung ihrer Herrschaft wie ehemals die Sitten und Manieren der höfisch-aristokratischen Oberschicht ihre gesellschaftliche Stellung rechtfertigten.

Auch wenn der deutsche Kultur-Begriff genau wie der französische Begriff der "civilisation" aus oppositionellen, mittelständischen Kreisen stammte, bildet er durch die betonte Trennung der Stände eine Art Gegenmodell zur aristokratisch-höfischen Tradition. Die Uneinheitlichkeit der deutschen Gesittung blieb noch länger bestehen, so dass sich im langsam entstehenden deutschen Nationalcharakter des 19. Jahrhundert große Teile dieser reinen bürgerlichen Tradition wieder finden.[28]

---

[27] Ebenda, S. 63.
[28] Norbert Elias: Über den Prozess der Zivilisation, S. 61-64.

Schlussbemerkung: ‚Zivilisation' und ‚Kultur' bei Elias

Um den Bedeutungsgehalt des auf Deutschland bezogenen Kulturbegriffs hervorzuheben, bedient sich Elias eines kontrastierenden Begriffs. Aber nicht nur als analytisches Kriterium, sondern als geschichtlich realer und für den Untersuchungsgegenstand – nämlich das Entstehen der deutschen Kulturauffassung hinsichtlich der Abgrenzung zu Frankreich – und der Hervorhebung der eigenen Identität wichtigen Faktor: der Begriff der Zivilisation.

Dieser charakterisiert zunächst die Eigenart der abendländischen Gesellschaft, ihre Identität, und kann als "kollektiver" Stolz gegenüber anderen (unterlegenen) Völkern verstanden werden. Zivilisation ist ein Wort für die "innere Verwandtschaft" ‚zivilisierter' Völker, wozu sich alle westlichen, expandierenden und kolonisierenden Völker, welche ihren Stolz auf ihre Überlegenheit und ihre Eigenart auch in den Kolonien vertreten wollen, zählen. Da sich dieses Selbstverständnis aber nur in "gefestigten Nationen", die anders als Deutschland nicht mehr um ihre Existenz kämpfen mussten, entwickelte, wird Deutschland mit diesem Begriff nur bedingt erfasst.

Der deutsche Kulturbegriff konnte so zu einer Art Gegenbegriff zur Zivilisation und zu einer Abgrenzung zu den expandierenden Völkern werden. Im Ersten Weltkrieg beispielsweise wird dieser Gegensatz benutzt, indem man sich auch der Verteidigung der Kultur willen, an den Fronten zu behaupten versucht. Auch seinem Ursprung nach ist Kultur ein Kampfbegriff.

Mit ihrem Konzept der Kultur wandte sich die deutsche bürgerliche Intelligenzschicht gegen die bloße "äußere Zivilisiertheit" des Adels, die als Schwäche und Dekadenz verstanden wurde. Das deutsche Bürgertum entwarf so ein bestimmtes Menschenbild, "wie und wofür man lebt." Kultur beinhaltet diesem Verständnis nach auch, "wonach man Streben sollte." Die Lebensweise des deutschen Adels aber hielt man für falsch. Den Dazugehörigen unterstellte man, dass sie eigentlich gar nicht richtig gelebt hätten, denn um zu leben, müsse man etwas leisten, sich bilden, geistig aktiv sein und am weltlichen Geschehen echtes Interesse zeigen.

Das deutsche Bildungsbürgertum prangerte nun an, dass der deutsche Adel dies alles verfehlt habe. Mit dem Aufstieg des Bürgertums und der allmählichen Bildung einer Nation wurde dieses Kulturverständnis Bestandteil des Nationalcharakters. So dient die Kultur der kollektiven Selbstinterpretation. Sie bezeichnet den Stolz auf das eigene Wesen, die eigene Leistung, was Bildung als ein Element von Kultur voraussetzt. Und sie spezifiziert genauer, was bei der Zivilisation als "Verfeinerung von allem und jedem" in diffusem Licht bleibt. Kultur meint ihrem Kern nach die geistigen Produkte des Menschen, wie Kunst, Bücher, Religion und Bildung, also im weitesten Sinne religiöse und philosophische Systeme. Die eigene, individuelle Charakterbildung wird in den Vordergrund gestellt.

Der Zivilisationsbegriff dagegen bleibt grundsätzlich allgemein, er akzentuiert, was dem Mensch gemein ist bzw. *gemein sein sollte* und eint so Individuen zu Gruppen mit gleichem Habitus. Er schafft also Zugehörigkeit, Identität und ein Gemeinschaftsgefühl; kurz: er hat eine einende Funktion. Doch gerade deswegen grenzt der Begriff der Zivilisation auch nach außen ab und betont die materiellen und ethnischen Unterschiede der Völker. Daher kann man überhaupt von englischer, französischer und deutscher „*Kultur*" sprechen, also das, was spezifisch typisch deutsch, französisch oder englisch ist bzw. sein sollte, in einem Wort fassen.

Des Weiteren ist die Zivilisation ein Fortschrittsprozess, es muss immer weiter aufwärts gehen, wobei dieser Prozess stets unvollendet bleibt. Die Geschichte hat gezeigt, dass dies in vielen Fällen fatale Auswirkungen haben kann, wenn der Zenit des Fortschritts überschritten wird. Die letzte Konsequenz ist häufig ein Erneuerungsprozess, dem aber ein zerstörerischer Akt, wie ein Krieg und/oder eine Revolution vorausgeht.

Die USA, um ein aktuelles Beispiel für eine expandierende Zivilisation zu nennen, versucht ja nichts anderes, als diese Tatsache durch die Expansion ihres Einflusses und das Führen von Kriegen gegen andere Länder hinaus zu zögern. Paradoxerweise schreibt sich die USA gleichzeitig die Verteidigung der westlichen Kultur (our way of life) und den Schutz der Freiheit (our freedom) auf die Fahne um eine Legitimation für das paranoide Schutzbedürfnis ihrer erreichten Zivilisation zu haben.

Die Kultur dagegen ist ein Kreislauf mit abwechselnden Höhen und Tiefen, quasi "ohne Fortschritt". Es gab schon immer Leistungen ("menschliche Produkte"), die nicht mehr zu übertreffen sind, so z.B. die "Mona Lisa". Ab und an mag es noch gelingen, an dieses Niveau heranzureichen, trotzdem schmälert dies die herausragende Leistung des schon Erreichten in keiner Weise.

Beiden Begriffen gemein hingegen ist ihre Bedeutung als Inbegriffe des nationalen Selbstbewusstseins, aufgrund gemeinsamer Traditionen, Schicksale, Situationen usw., also der gemeinsamen Geschichte. Deswegen aber sind diese Begriffe Außenstehenden, die an dieser Geschichte nicht teilhaben, nicht voll mitteilbar.

Literaturverzeichnis

- Norbert Elias: Über den Prozess der Zivilisation – Soziogenetische und psychogenetische Untersuchungen; Erster Band: Wandlungen des Verhaltens in den weltlichen Oberschichten des Abendlandes, Bern und München 1969.

Anmerkung:

Die Arbeit setzt sich mit dem gerade genannten Werk in erklärender und interpretierender Weise auseinander. Der Fokus wird dabei auf den Komplex „Kultur" – „Zivilisation" in Bezug zur deutschen und französischen Nationalidentität gerichtet.

Dabei flossen in besonderem Maße die im Diskussions-Seminar (Siehe Deckblatt) gewonnen Erkenntnisse ein.

BEI GRIN MACHT SICH IHR WISSEN BEZAHLT

- Wir veröffentlichen Ihre Hausarbeit,
  Bachelor- und Masterarbeit

- Ihr eigenes eBook und Buch -
  weltweit in allen wichtigen Shops

- Verdienen Sie an jedem Verkauf

Jetzt bei www.GRIN.com hochladen und kostenlos publizieren